Preface to 'Defying Laws of Nature'

Menachem Butler

The Julis-Rabinowitz Program on Jewish and Israeli Law
Harvard Law School
Cambridge, MA

I0190833

4 Av 5781
July 13, 2021

Two years following the transfer of the Yeshivoth Tomche Tmimim from war-torn Europe to the United States, a gala dinner was held in Crown Heights on June 14, 1942 (29 Sivan 5702) to celebrate the 45th anniversary of the establishment of The Central Yeshiva "Tomche Tmimim" United Lubavitcher Yeshivoth. The principal speakers at the dinner were the Sixth Lubavitcher Rebbe, Rabbi Yosef Yitzchak Schneersohn; his elder son-in-law and chairman of Tomche Tmimim, Rabbi Shmaryahu Gurary; honorary chairman of the celebration, the Hon. Philip M. Kleinfeld, Supreme Court Justice of the State of New York; with addresses delivered by Rabbi Dr. Leo Jung of The Jewish Center in Manhattan; and Rabbi Joseph B. Soloveitchik, who traveled in from Boston especially for the occasion; among others. The photograph from the dinner that adorns the cover of this volume displays a 39-year-old Rabbi Soloveitchik, sitting next to Rabbi Shmaryahu Gurary, the Sixth Lubavitcher Rebbe, Rabbi Yosef Yitzchak Schneersohn, and Rabbi Menachem Mendel Schneerson, who would be

i

appointed nearly a decade later, in 1951, as the Seventh Lubavitcher Rebbe.

At the time of the dinner for Yeshivoth Tomche Tmimim, Rabbi Soloveitchik was completing his first year of delivering Talmud lectures at the Rabbi Isaac Elchanan Theological Seminary (RIETS) following the passing of his father Rabbi Moshe Soloveichik in 1941, though was not yet officially considered a Rosh Yeshiva at the institution. At a number of crucial points during the previous year, Rabbi Yosef Yitzchak Schneersohn was particularly supportive of Rabbi Soloveitchik's candidacy to inherit his father's position as Rosh Yeshiva at RIETS, and wrote several letters in support of Rabbi Soloveitchik, who was a friend of his son-in-law Rabbi Menachem Mendel Schneerson from their student days in Berlin during the 1920s. Together with his wife Dr. Tonya Soloveitchik, Rabbi Soloveitchik established The Maimonides School in Boston in 1937, and following his official appointment as Rosh Yeshiva at RIETS, would regularly commute weekly between his home in Boston and to RIETS in New York, until his retirement more than four decades later. Rabbi Joseph B. Soloveitchik passed away in 1993 and is buried at the Baker Street Cemetery in West Roxbury, Massachusetts.

Several months after the gala dinner, on the occasion of the official anniversary of the founding of The Central Yeshiva "Tomche Tmimim" United Lubavitcher Yeshivoth, a small pamphlet was issued on August 30, 1942 (18 Ellul 5702), and included speeches that were delivered at the dinner earlier that summer. This brochure was sent to supporters of the Lubavitcher educational institutions and highlighted the work of the Chabad-Lubavitch movement that was beginning to spread throughout the United States via the emissaries of the Lubavitcher Rebbe. To the best of our knowledge, the only public collection in the United States with an extant copy of this dinner pamphlet is The Library of Agudas Chassidei Chabad in Crown Heights. I thank Rabbi Yisrael Mizrachi of Mizrahi Bookstore in Brooklyn for alerting me to the existence of this rare pamphlet. I offer special thanks to Rav Berel Levin, Chief Librarian of Agudas Chassidei Chabad, for making available a copy of this pamphlet following a recent meeting at his office in the Library of Agudas Chassidei Chabad in Crown Heights.

In the Yiddish address that was delivered – written by someone in the audience, and with full transcription, English translation, and facsimile reproduction in this volume – Rabbi Soloveitchik reflects on his own early connections to the Chabad-Lubavitch worldview, and presents an original portrait of Rabbi Chanina Ben Dosa in the rabbinic tradition, and draws a direct parallel to the efforts of the nascent Chabad-Lubavitch movement in the United States of the Sixth Lubavitcher Rebbe, Rabbi Yosef Yitzchak Schneersohn, just a few short years after his migration to the American shores. In addition, Rabbi Soloveitchik highlights the necessity of the belief in all thirteen of Maimonides' Principles of Faith.

The publication of this volume on July 13, 2021 (4 Av 5781), offered as part of the launch of a yearlong celebration of a

"Shenas Gevurah," is a literary gift presented on the occasion of the 80th birthday of Rav Hershel Schachter, shlita, a devoted disciple of Rav Soloveitchik, and Rosh Yeshiva of the Rabbi Isaac Elchanan Theological Seminary, where he serves for the past half-century as the Rosh Kollel of RIETS' Marcos and Adina Katz Kollel. Over the years, excerpts of Rabbi Soloveitchik's address have been translated into Hebrew in several internally published Chabad publications. This book, titled as "Defying Laws of Nature," is the first time that a complete transcription of the Yiddish is being reprinted, alongside an English translation, and with a facsimile reproduction.

The publication of this volume appears under the imprint of Shikey Press, a boutique publishing house established in memory of the late Dr. Isaiah "Shikey" Bard to publish works of Jewish history, hashkafah, literature, and law. Technical production of this volume was efficiently and masterfully undertaken by Rabbi David Shabtai, MD, with the consummate translation of Rav Soloveitchik's address by Rabbi Yossel Hoizman. Special thanks to Mr. Mitch Julis, Professor Natalie Zemon Davis, Professor Elisheva Carlebach, Professor Noah Feldman, Dr. Charles Berlin, Rav Moshe Weinberger, Mr. Asher Weinberger, Anonymous, Mr. Neil Bodner, Mr. Dan Rabinowitz, Rabbi Dr. Ari Bergmann, Rabbi Dr. Eliezer Brodt, Rabbi Aaron R. Katz, Esq., Rabbi Dovid T. Katz, Rabbi Dr. Zev Eleff, Rabbi Pini Dunner, Rabbi Zev Schonbrun, Rabbi Dovid Bashevkin, Rabbi Dr. Edward Reichman, Rabbi Daniel Tabak, Rabbi Shaul Seidler-Feller, Mr. Ivan Berkowitz, Rabbi Motti

Wilhelm, Rabbi Menachem Altein, Dr. Albert (Dov) and Nancy Friedberg, Ms. Alana Newhouse and Reb David Samuels, Rabbi Hirschy and Elkie Zarchi, and to my father Rabbi Raphael B. Butler, for their assistance in the preparation of this volume. Special recognition is extended to Nathan and Rikki Lewin, and their daughter Alyza Lewin, of Washington DC, and Reb David J. Benger, for their crucial role in the publication of this book and for their ongoing friendship and perspective into the history of the Lubavitcher movement and Orthodox Judaism in the United States over the past half-century, discussed during our "Tikkun Leil Tuesday" zoom sessions that have been held each week during the entire 2020-2021 pandemic.

Further activities and publications in honor of the "Shenas Gevurah" of Rav Hershel Schachter, shlit"a, are underway throughout the entire upcoming year. I am deeply appreciative to the vision and guidance of his family, including his sons Mr. Israel ("Yummy") Schachter and Rav Shay Schachter and their siblings, as well as to the continued support of Rebbetzin Shoshana Schachter. May Hakadosh Baruch Hu continue to grant Rav Schachter and his illustrious family the ability to spread his Chochmas HaTorah and Hargashas HaMiddos.

45 *Anniversary* *45*

OF

YESHIVOTH
"TOMCHEI TMIMIM"
LUBAVITZ

5657-5702
1897-1942

•

ELLUL 18, 5702   AUGUST 31, 1942

Published by
United Lubavitcher Yeshivoth Tomchei Tmimim

770 EASTERN PARKWAY, BROOKLYN, N. Y.

Printed in the U. S. A.

An Excerpt From The Speech Held By The Great Sagacious Rabbi

Rabbi Yosef Dov Soloveitchik Shlit"a

Rosh Av Beis Din of Boston

(written by a member of the crowd)

As I stand before such an honorable community and before the great Lubavitcher Rebbe [Rabbi Yosef Yitzchak Schneersohn] Shlit"a, it is a tremendous honor for me, and puts me in an uplifted and excited disposition.

During my commute from Boston to here to attend the festivities in honor of the Lubavitcher Rebbe's Yeshivos, I reminded myself of my youthful years in a small village in Russia, where many Lubavitcher chasidim lived as well as misnagdim. As it happens, my melamed was a Chabad Chossid. We cheder children would occasionally debate the question who was a greater man: The [Vilna] Gaon, or the Alter Rebbe – The Rav of Liady ...

Traveling to here on the train to New York, I thought to myself, the one can best compare the Lubavitcher Rebbe to none other, than as the Rabbi Chanina Ben Dosa of the current generation.

Rabbi Chanina Ben Dosa was notorious for defying laws of nature.

The Gemara in Ta'anis (25a) tells how Rabbi Chanina Ben Dosa told his daughter: "He who endowed oil the power of burning, will endow vinegar with the power to burn," and indeed the vinegar lit. Similarly, when an order came from Lubavitch to my birth village, even the vinegar would burn... Lubavitch defied all laws of nature...

The gemara in Ta'anis (ibid.) goes on to tell another tale, that a woman in his neighborhood built a house, but the crossbeams didn't reach the walls, so Rabbi Chanina Ben Dosa uttered: "May the beams reach," and the crossbeams stretched and reached the (walls of the) house. Similarly, when a man or a woman from Chasidim in my shtetel, broken from suffering, traveled to the Rebbe to Lubavitch to cry out that their home is shaken and threatening to collapse, the Rebbe gave his advice and blessing, and the same man or woman returned home sound and content, because the support beams of their homes had stretched and their home was whole again.

In my memories I recall those gruesome days of Czarist Russia, when on one hand terrible decrees rained down on Jews, and on the other hand the Haskala – the enlightenment – raised its head, and with their infamous 'Mesisim' and

'Madichim' – they endeavored to violently tear into and alter Jewish life.

Then, in those gruesome days for Orthodox Judaism, the largest Yeshiva in Lithuania had to shutter its doors. But Lubavitch stood steadfastly against this movement, and with Mesirus Nefesh they stepped over this deadly serpent.

This too is akin to what the Gemara in Brachos (33a) tells of Rabbi Chanina Ben Dosa: "He placed his heel on the opening of the serpent's pit and the serpent died." Rabbi Chanina Ben Dosa did not fear even the deadly serpent, and when he chanced upon a serpent, he tread upon his very head. Similarly, Lubavitch tread upon the serpent – the deadly snake of religious persecution.

The Gemara in Taa'nis (Ibid) tells: "The goats of Rabbi Chanina Ben Dosa, each one brought back a bear on its horns." During the worst enlightenment epidemic, the bucks of Lubavitch fought with their horns, and decimated the great bears of Haskala.

However, we find yet another tale regarding Rabbi Chanina Ben Dosa, albeit not in the Gemara in Ta'anis, where all the stories about him are recorded, but rather in Midrash Koheles. Apparently, in the meantime some great upheaval had transpired, and Rabbi Chanina Ben Dosa, who was world renowned for defying the rules of nature, arrived to a vicinity where they, seemingly, knew little of his legacy.

The Midrash tells: Once Rabbi Chanina Ben Dosa arrived at a deserted place, and noticed a certain stone, he polished and buffed it and exclaimed "I take it upon myself to bring this to Jerusalem." He sought to hire workers to carry it but could not find any. Hakadosh Baruch Hu arranged for him five angels in a human form, he asked them "would you bring this for me" and they responded "gladly, provided that you will also assist us with your hand and your finger." He places his hand and finger under the stone along with them, and they instantly found themselves standing in Jerusalem.

Rabbi Chanina Ben Dosa, who was world renowned, arrived suddenly to a wilderness, to a deserted area, nobody knows him here, and he wished to bring up a stone to Jerusalem, he cleans it, he buffs it, but when he requests others to help him, nobody is ready to assist him. But there are angels, in human form, who heed his call and come to assist him. Rabbi Chanina Ben Dosa also takes part by placing his finger among them, and together they transport this stone to Jerusalem.

In the old country, when the Lubavitcher Rebbe needed money for his Yeshivas, they would call a gathering, and in the span of a few hours hundreds of thousands of Rubel was raised. Alas, here the Rebbe needs to come to a deserted area. Indeed! In the interim period much upheaval has transpired. The Lubavitcher Rebbe – the Rabbi Chanina Ben Dosa of the current generation – has come to a faraway town and requests that we help him bring his precious stone to Jerusalem. Indeed, the Rebbe too will take part in the endeavor by placing his hand along with you, but you must all help him.

The first tablets, Hashem Himself hewed, but the second

tablets Hashem instructed Moshe: "Psal lecha," hew it out yourself, do it yourself.... Here in America the Lubavitcher Rebbe must come himself and beg others to help build his Yeshivos Tomchei Temimim.

The Gemara in Bava Basra (75a) brings a story of Rav Yochanan who delivered a homiletic on the pasuk "and your entranceways will be of hewn stone" – that when Moshiach comes Hashem will being precious stones and diamonds 30 amos by 30 amos, and hew into them an entranceway. A certain student of his scoffed incredulously. The exact girsa of the stature of the scoffer varies, in the Gemara it is a "Talmid," a student, in Pesikta the girsa is that it was a "Min" – an apostate. Finally, in Midrash Shochar tov (87) the girsa it was that a "Chossid," a saint, who scoffed.

The Lubavitcher Rebbe speaks and publicizes about the advent of Moshiach. This has caused a commotion, an alarm, raised a ruckus. And I can't help but ask, what is this all about? Granted, the "min" – the apostate laughs this off, that is understandable; newspapers which are printed on Shabbos do not agree with his view.

But that the response to his call should be that a certain "Talmid," a student, and moreover; a certain "Chossid," a saint, should scoff at hearing this? That, to me, is an enigma. What is the reason for this uproar? Why did this cause a commotion? May one no longer speak of the Ani Ma'amin in the coming of Moshiach?

True, there are another 12 Tenets of Faith and one must

believe in all of them, but nevertheless the 13th one exists too, so what is the reason for the uproar that was raised over this?!

In Pirkei DeRabbi Eliezer (chapter 48) we read: Rabbi Yishma'el said, the five fingers of Hashem's right hand are all the basis of redemption; with the smallest - He showed Noach what to do in the ark, with the 2nd finger - He smote the Egyptians, with the 3rd – He inscribed the Luchos, with the 4th (index finger) – he showed Moshe the half-shekel with which Jews would redeem themselves, with the thumb and the entire hand – he will eliminate the sons of Eisav who oppress the Jewish nation, and the sons of Yishmael who are his enemies.

Rav Soloveitchik explained the Midrash and showed how this midrash enumerates various epochs in Jewish history, which these fingers represent.

Rav Soloveitchik concluded his words with a pathos: This finger (pointing at the hand of the Lubavitcher Rebbe) is writing the Luchos, and your finger (pointing at the crowd) should give the half-shekel of redemption, and in that merit – the thumb and the entire hand of Hashem will eliminate all enemies of Israel and of God and we will merit to the Final Redemption.

מאמין בביאת המשיח? אמת מען דאַרף אויך די אנדערע 21 אני מאמין'ס האלטען, אָבער עס עקזיסטירט דאָך אויך א 31-טער אני מאמין בביאת המשיח, — איז וואָס פאַר א טומעל האָט מען דאָ אָנגעמאַכט?!

אין פרקי דר' אליעזר (פרק מ"ה) שטעהט: ר' ישמעאל אומר חמש אצבעות של ימינו של הקב"ה כולן יסוד גאולות, אצבע קטנה, בה הראה לנח מה לעשות בתיבה, אצבע שניה לקטנה, - בה הכה את המצריים, אצבע שלישית לקטנה, - בה כתב את הלוחות, אצבע רביעית שהיא שניה לבהן, - בה הראה הקב"ה למשה זה יתנו ישראל בפדיון נפשם, הבהן וכל היד, - בה עתיד הקב"ה להשמיד לבני עשו שהן צרין לבני ישראל וכן לבני ישמעאל שהם אויביו וכל אויביך יכרתון.

הרב סאָלאָווייטשיק פאַרטייטשט דעם מדרש און ווייזט אָן אויף פאַרשידענע עפּאָכען אין אידישען לעבען, אויף וועלכע עס ווייזען אָן די אצבעות, ווי ער רעכענט אויס אין מדרש, און הרב סאָלאָווייטשיק פיהרט אויס מיט פּאַטאָס: דער אצבע (ווייזט אָן אויף דער האַנד פון ליובאַוויטשער רבי'ן שליט"א) שרייבט די לוחות, און אייער אצבע (ווייזט אָן אויפ'ן קהל) זאָל געבען דעם מחצית השקל, און בזכות דעם, וועט הבהן וכל היד של הקב"ה ישמיד וכו', וכל אויביך יכרתון. און מיר וועלען זוכה זיין צו גאולה שלמה.

יאָ! עס איז טאַקי אין צווישענצייט פאָרגעקומען א גרויסע איבערקעהרעניש איבער דער וועלט. דער ליובאַוויטשער רבי - דער רבי חנינא בן דוסא פון היינטיגען דור - קומט למדברה של עיר און בעט מען זאָל איהם העלפען מעלה זיין לירושלים. העלפען איהם אין דער אויפהאלטונג פון זיינע הייליגע ישיבות. דער ליובאַוויטשער רבי לייגט טאַקי אונטער א פינגער, אָבער איהר דארפט איהם העלפען...

די ערשטע לוחות האט הקב"ה אליין אויסגעהאַקט. די צווייטע לוחות זאָגט הקב"ה למשה: פסל לך... האַק אויס אליין, מאַך אלייך. און דאָ אין אמעריקע מוז טאַקי דער ליובאַוויטשער רבי אליין קומען צו אייך דאָ און בעטען העלפען בויען די ישיבות תומכי תמימים.

אין דער גמרא ב"ב (ע"ה) ברייננגט זיך א מעשה פון ר' יוחנן שדרש על הפסוק ושעריך לאבני אקדח, עתיד הקב"ה להביא אבנים טובות ומרגליות וכו' לגלג עליו אותו תלמיד, אין פסיקתא איז די גרסא לגלג עליו אותו מין, אין מדרש שוחר טוב (פ"ז) איז די גרסא לגלג עליו אותו חסיד וכו'.

דער ליובאַוויטשער רבי רעדט און איז מפרסם וועגען ביאת המשיח, איז געווארען א טומעל, א טרעוואָגע, א געשריי, און איך פרעג וואס טוט זיך דאָ עפעס? מילא לגלג עליו אותו מין, קען מען נאָך פאַרשטעהן: פייפערס וואָס דרוקען זיך אום שבת האַלטען ניט פון דעם, אָבער עס זאָל נאָך זיין לגלג עליו אותו תלמיד, און נאָכמעהר לגלג עליו אותו חסיד... דאָס איז מיר שוין א פלא. וואָס איז דער געשריי, וואָס פאר אַ טומעל איז דאָ געוואָרען! מען טאָר שוין ניט רעדען וועגען דעם אני

ס'ברייגנען זיך אלע סיפורים ווענגען איהם, נאָר גאָר אין מדרש קהלת. ווייזט אויס, אז אין צווישענצייט איז פאָרגעקומען א גרויסע איבערקעהרעניש. און רבי חנינא בן דוסא, וועלכער האָט די וועלט געשטורעמט מיט זיין טרעטען אויף נאַטור־געזעצען, איז אָנגעקומען אין אַן אָרט, וואו מען האט איהם, ווייזט אויס, ווייניג געקענט. און דער מדרש דערצעהלט: מעשה מר"ח בן דוסא שבא "למדברה" של עיר, וראה שם אבן אחת ושבבה וסיתתה ומרקה, ואמר: הרי עלי להעלותה לירושלים. בקש לשכור פועלים וכו', זימן לו הקב"ה חמשה מלאכים בדמות בני אדם, אמר להם אתם מעלין לי אבן זו, אמרו לו כו' ובלבד שתתן ידך ואצבעך עמנו. נתן ידו ואצבעו עמהם ונמצאו עומדים בירושלים וכו'. רבי חנינא בן דוסא, דער וואָס האט געשטורעמט די וועלט, איז מיט אמאָל געקומען אין א מדבר, "למדברה של עיר" קיינער קען איהם דאָ ניט, ער וויל מעלה זיין א אבן לירושלים, ער רייניגט איהם, ער פוצט איהם, אָבער ווען ער ווענדעט זיך מיט א בקשה איהם צו העלפען מעלה זיין לירושלים, וויל איהם קיינער ניט העלפען. עס קומען אָבער "מלאכים" בדמות בני אדם און העלפען איהם. רבי חנינא בן דוסא לייגט צו א פינגער און צוזאַמען איז מען מעלה דעם אבן לירושלים.

אין דער אלטער היים, ווען דער ליובאַוויטשער רבי האָט גערדאַפט געלד פאר זיינע ישיבות, איז גערופען געוואָרען אַן אסיפה, און אין משך פון א פאָר שעה איז געזאמעלט געוואָרען צעהנדליגער טויזענדער רובעלס, און דאָ דאַרף ליידער דער ליובאַוויטשער רבי קומען "למדברה של עיר".

די בעלקעס פון זייער הויז האָבען זיך אויסגעצויגען און זייער הויז איז גאַנץ געוואָרען...

און אין מיין זכרון געהען אויף יענע גרויזאמע טעג אין צאַרישען רוסלאנד, פון איין זייט האָבען זיך געשאָטען גזירות אויף אידען, און פון דער אנדערער זייט האָט די השכלה, דורך די באַוואוסטע מסיתים ומדיחים, אויפגעהויבען דעם קאָפּ און זיך געוואָלט מיט געוואַלד אריינרייסען אין דער אידישער גאַס. דאַן, אין יענע גרויזאמע, פאַר'ן אָרטאָדאָקסישען אידענטום, צייט, האָט זיך די גרעסטע ישיבה אין ליטע געמוזט ליידער צומאַכען, אָבער ליובאַוויטש האָט זיך געגענגעשטעלט און איבערגעטראָטען מיט מסירת נפש די שלאַנג, -איז דאָס ווידער ווי די גמרא (ברכות ל"ג ע"א) דערצעהלט אויף רבי חנינא בן דוסא: נתן עקבו על פי החור ומת אותו ערוד. רבי חנינא בן דוסא איז אויך פאר דעם ערוד ניט דערשראָקען געוואָרען, און ווען ער האָט אויף זיין וועג געטראָפען א ערוד, האט ער געטראָטען אויפ'ן קאָפּ פון ערוד, און אויך ליובאַוויטש האָט געטראָטען אויפ'ן ערוד - די שלאַנג פון רעליגיעזע פארפאָלגונגען...

די גמרא אין תענית דערצעהלט: עיזי דרבי חנינא בן דוסא אייתי כל חדא וחדא דובא בקרניהו - און אין דער צייט פון דער גרעסטער השכלה־עפּידעמיע, האָבען די ציגעלעך פון ליובאַוויטש אוועקגעלייגט מיט זייערע הערנער די בערען פון השכלה...

מיר געפינען אָבער אין חז"ל נאָך א געשיכטע וועגען רבי חנינא בן דוסא, אָבער שוין ניט אין דער גמרא תענית, וואס

איינמאָל האבען מיר, די יונגלעך פון חדר, זיך ארומגעקריגט ארום דער פראַגע ווער ס׳איז געווען גרעסער: דער גאון, אדער דער אלטער רבי, הרב מליאדי ... און פאָהרענדיג איצט מיט דער באַהן קיין ניו-יאָרק, האב איך געטראכט, אז אמבעסטען קען מען פארגלייכען דעם ליובאַוויטשער רבי׳ן ניט צו קיין אנדערען, ווי אלס דער רבי חנינא בן דוסא פון היינטיגען דור.

רבי חנינא בן דוסא האט געטראַטען אויף נאַטור־געזעצען.

די גמרא אין תענית (כ״ה ע״א) דערצעהלט, אז רבי חנינא בן דוסא האָט געזאָגט צו זיין טאָכטער: מי שאמר לשמן וידליק, יאמר לחומץ וידליק, און דער חומץ האָט טאַקי געברענט: און ווען ס׳איז אָנגעקומען א פקודה פון ליובאַוויטש צו די חסידים אין מיין געבורט־שטעדטעל, האָט אפילו דער חומץ געברענט... ליובאוויטש האָט געטראָטען אויף די נאַטור־געזעצען...

די גמרא דערצעהלט דאָרט ווייטער אין תענית, אז ההיא שבבותי׳ דקא בני ביתא ולא מטו כשורי וכו׳ אמר איכו נמטי כשוריך. א פרוי האָט געבויט א הויז און די בעלקעס זיינען ניט צוגעגאנגען, האָט רבי חנינא בן דוסא א זאָג געטאָן: איכו נימטי כשוריך, און די בעלקעס האָבען זיך אויסגעצויגען און דערגרייכט די שטוב. און ווען פון מיין שטעדטעל איז געפאָהרען א מאַן אָדער א פרוי פון די חסידים, צובראָכען פון צרות, צום רבי׳ן קיין ליובאַוויטש מיט א געוואַלד, אז זייער הויז האָט זיך צוטרייסעלט, דאָס הויז פאַלט איין, האָט זיי דער רבי זיין עצה און ברכה געגעבען, און די זעלבע פרוי אָדער מאַן איז צוריקגעקומען אהיים גאַנץ צופרידען, ווייל

אַן אויסצוג פון דער רעדע
וואָס האָט געהאַלטען הרב הגאון הגדול וכו'

ר' יוסף דוב סאָלאָווייטשיק שליט"א

ראש אב"ד ד'באָסטאָן

נרשם ע"י אחד השומעים

שטעהענדיג יעצט דאָ פאַר אזא חשוב'ען קהל און פאַר דעם גרויסען ליובאַוויטשער רבי'ן שליט"א, איז דאָס פאַר מיר גאָר א גרויסער כבוד און איך פיהל מיך אין א געהויבענער, פייערליכער שטימונג.

פאָהרענדיג אַהער פון באָסטאָן בייצעוואוינען די חגיגה פון ליובאַוויטשער רבינ'ס ישיבות, האָב איך זיך דערמאָהנט אָן מיינע יוגענד-יאָהרען אין א קליין שטעדטעל אין רוסלאנד, וואו עס האָבען געוואוינט פיל ליובאַוויטשער חסידים און אויך מתנגדים, און גראד מיין מלמד איז געווען א חב"ד-חסיד. ניט

אין פרקי דר׳ אליעזר (פמ״ח) שטעהט: ר׳ ישמעאל אומר חמש אצבעות של ימינו של הקב״ה כולן יסוד גאולות, אצבע קטנה, בה הראה לנח מה לעשות בתיבה, אצבע שני׳ לקטנה, — בה הכה את המצריים, אצבע שלישית לקטנה, — בה כתב את הלוחות, אצבע רביעית שהיא שני׳ לבהן, — בה הראה הקב״ה למשה זה יתנו ישראל בפדיון נפשם, הבהן וכל היד, — בה עתיד הקב״ה להשמיד לבני עשו שהן צרין לבני ישראל וכן לבני ישמעאל שהם אויביו וכל אויביך יכרתון.

הרב סאַלאָווייטשיק פאַרטייטשט דעם מדרש און ווייזט אָן אויף פאַרשי־דענע עפּאָכען אין אידישען לעבען, אויף וועלכע עס ווייזען אָן די אצבעות, ווי ער רעכענט אויס אין מדרש, און הרב סאַלאָווייטשיק פיהרט אויס מיט פּאַטאָס: דער אצבע (ווייזט אָן אויף דער האַנד פון ליובאַוויטשער רבי׳ן שליט״א) שרייבט די לוחות, און אייער אצבע (ווייזט אָן אויפ׳ן קהל) זאָל געבען דעם מחצית השקל און בזכות דעם וועט הבהן וכל היד של הקב״ה ישמיד וכו׳ וכל אויביך יכרתון און מיר וועלען זוכה זיין צו גאולה שלמה.

וכו׳. רבי חנינא בן דוסא, דער, וואָס האָט געשטורעמט די וועלט, איז מיט אַמאָל
געקומען אין אַ מדבר „למדברה של עיר״. קיינער קען איהם דאָ ניט. ער וויל מעלה
זיין אַ אבן לירושלים, ער רייניגט איהם, ער פוצט איהם, אָבער ווען ער וועגדעט
זיך מיט אַ בקשה איהם צו העלפען מעלה זיין לירושלים, וויל איהם קיינער ניט
העלפען. עס קומען אָבער „מלאכים״ בדמות בני אדם און העלפען איהם, רבי
חנינא בן דוסא לייגט צו אַ פינגער און צוזאמען איז מען מעלה דעם אבן לירושלים.

אין דער אַלטער היים, ווען דער ליובאוויטשער רבי האָט געדארפט געלד
פאר זיינע ישיבות, איז גערופען געוואָרען אַן אסיפה און אין משך פון אַ פאר שעה
איז געזאמעלט געוואָרען צעהנדליגער טויזענדער רובעלס, און דאָ דארף ליידער
דער ליובאוויטשער רבי קומען „למדברה של עיר״. יאָ! עס איז טאקי אין צווי־
שענצייט פארגעקומען אַ גרויסע איבערקערעניש איבער דער וועלט. דער ליו־
באוויטשער רבי — דער רבי חנינא בן דוסא פון היינטיגען דור — קומט למדברה
של עיר און בעט מען זאל איהם העלפען מעלה זיין לירושלים, העלפען איהם אין
דער אויפהאלטונג פון זיינע הייליגע ישיבות. דער ליובאוויטשער רבי לייגט
טאקי אונטער אַ פינגער, אָבער איהר דארפט איהם העלפען...

די ערשטע לוחות האָט הקב״ה אליין אויסגעהאקט, די צווייטע לוחות זאגט
הקב״ה למשה: פסל לך... האק אויס אליין, מאך אליין... און דאָ אין אַמעריקע מוז
טאקי דער ליובאוויטשער רבי אליין קומען צו אייך דאָ און בעטען העלפען בויען
די ישיבות תומכי תמימים.

אין דער גמרא ב״ב (ע״ה) ברייענגט זיך אַ מעשה פון ר׳ יוחנן שדרש עה״פ
ושעריך לאבני אקדח. עתיד הקב״ה להביא אבנים טובות ומרגליות וכו׳ לגלג
עליו אותו תלמיד, אין פסיקתא איז די גרסא לגלג עליו אותו מין, אין מדרש
שוח״ט פ״ז איז די גרסא לגלג עליו אותו חסיד וכו׳.

דער ליובאוויטשער רבי רעדט און איז מפרסם וועגען ביאת המשיח, איז
געוואָרען אַ טומעל, אַ טרעוואָגע, אַ געשריי, און איך פרעג וואָס טוט זיך דאָ
עפּעס? מילא לגלג עליו אותו מין, קען מען נאָך פארשטעהן; פייפערס וואָס
דרוקען זיך אום שבת האלטען ניט פון דעם, אָבער עס זאל נאָך זיין לגלג עליו
אותו תלמיד און נאכמעהר לגלג עליו אותו חסיד... דאָס איז מיר שוין אַ פלא.
וואָס איז דער געשריי, וואָס פאר אַ טומעל איז דאָ געוואָרען! מען טאר שוין ניט
רעדען וועגען דעם אני מאמין בביאת המשיח? אמת, מען דארף אויך די אנדערע
12 אני מאמין׳ס האלטען, אָבער עס עקזיסטירט דאָך אויך אַ 13־טער אני מאמין
בביאת המשיח. — איז וואָס פאר אַ טומעל האָט מען דאָ אָנגעמאכט ?!

גרייכט די שטוב. און ווען פון מיין שטעדטעל איז געפאָהרען א מאַן אָדער א פרוי פון די חסידים, צובראָכען פון צרות, צום רבי'ן קיין ליובאַוויטש מיט א געוואַלד, אז זייער הויז האָט זיך צוטרייסעלט, דאָס הויז פאַלט איין, האָט זיי דער רבי זיין עצה און ברכה געגעבען, און די זעלבע פרוי אָדער מאַן איז צוריקגעקומען אהיים גאַנץ, צופרידען, ווייל די בעלקעס פון זייער הויז האָבען זיך אויסגעצויגען און זייער הויז איז גאַנץ געוואָרען...

און אין מיין זכרון געהען אויף יענע גרויזאמע טעג אין צאַרישען רוסלאַנד, פון איין זייט האָבען זיך געשאָטען גזירות אויף אידען, און פון דער אנדערער זייט האָט די השכלה, דורך די באַוואוסטע מסיתים ומדיחים, אויפגעהויבען דעם קאָפּ און זיך געוואָלט מיט געוואַלד ארייגרייסען אין דער אידישער גאַס. דאַן, אין יענע גרויזאמע, פאַר'ן אָרטאָדאָקסישען אידענטום, צייט, האָט זיך די גרעסטע ישיבה אין ליטע געמוזט ליידער צומאַכען אָבער ליובאַוויטש האָט זיך געגענגע־שטעלט און איבערגעטראָטען מיט מסירת נפש די שלאַנג. — איז דאָס ווידער ווי די גמרא (ברכות, ל"ג ע"א) דערצעהלט אויף רבי חנינא בן דוסא: נתן עקבו על פי החור ומת אותו ערוד. רבי חנינא בן דוסא איז אויך פאַר דעם ערוד ניט דער־שראָקען געוואָרען און ווען ער האָט אויף זיין וועג געטראָפען א ערוד, האָט ער געטראָטען אויפ'ן קאָפּ פון ערוד, און אויך ליובאַוויטש האָט געטראָטען אויפ'ן ערוד — די שלאַנג פון רעליגיעזע פאַרפאָלגונגען...

די גמרא אין תענית דערצעהלט: עיזי דרבי חנינא בן דוסא איתי כל חדא וחדא דובא בקרניהו — און אין דער צייט פון דער גרעסטער השכלה־עפּידעמיע, האָבען די ציגעלעך פון ליובאַוויטש אוועקגעלייגט מיט זייערע הערנער די בערען פון השכלה...

מיר געפינען אָבער אין חז"ל נאָך א געשיכטע וועגען רבי חנינא בן דוסא, אָבער שוין ניט אין דער גמרא תענית. וואָס ס'ברייגגען זיך אלע סיפורים וועגען איהם, נאָר גאָר אין מדרש קהלת. ווייזט אויס, אז אין צווישענצייט איז פאָרגעקו־מען א גרויסע איבערקעהרעניש, א־ן רבי חנינא בן דוסא, וועלכער האָט די וועלט געשטורעמט מיט זיין טרעטען אויף נאַטור־געזעצען, איז אנגעקומען אין אן אָרט, וואו מען האָט איהם, ווייזט אויס, ווייניג געקענט. און דער מדרש דערצעהלט: מעשה מר"ח בן דוסא שבא „למדברה" של עיר וראה שם אבן אחת ושבבה וסיתתה ומרקה, ואמר: הרי עלי להעלותה לירושלים, בקש לשכור פועלים וכו' זימן לו הקב"ה חמשה מלאכים בדמות בני אדם א"ל אתם מעלין לי אבן זו אמרו לו כו' ובלבד שתתן ידך ואצבעך עמנו, נתן ידו ואצבעו עמהם ונמצאו עומדים בירושלים

אַן אויסצוג פון דער רעדע

וואָס עס האָט געהאַלטען הרב הגאון הגדול וכו׳

ר׳ יוסף דב סאָלאָווייטשיק שליט״א

ראש אב״ד דבאָסטאָן

נרשם ע״י אחד השומעים

שטעהענדיג יעצט דאָ פאַר אזא חשוב׳ען קהל און פאַר דעם גרויסען ליובאַ־וויטשער רבי׳ן שליט״א, איז דאָס פאַר מיר גאַר א גרויסער כבוד און איך פיהל מיך אין א געהויבענער, פייערליכער שטימונג.

פאַהרענדיג אהער פון באָסטאָן בייצוואוינען די חגיגה פון ליובאַוויטשער רבי׳ס ישיבות, האָב איך זיך דערמאָהנט אַן מיינע יוגענד־יאָהרען אין א קליין שטעדטעל אין רוסלאנד, וואו עס האָבען געוואוינט פיל ליובאַוויטשער חסידים און אויך מתנגדים, און גראד מיין מלמד איז געווען א חב״ד־חסיד. ניט איינמאָל האָבען מיר, די יונגלעך פון חדר, זיך ארומגעקריגט ארום דער פראַגע ווער ס׳איז געווען גרעסער: דער גאון, אָדער דער אלטער רבי, הרב מליאדי... און פאַהרענדיג איצט מיט דער באהן קיין ניו־יאָרק, האָב איך געטראכט, אז אמבעסטען קען מען פארגלייכען דעם ליובאַוויטשער רבי׳ן ניט צו קיין אנדערן, ווי אלס דער רבי חנינא בן דוסא פון היינטיגען דור.

רבי חנינא בן דוסא האָט געטראָטען אויף נאַטור־געזעצן.

די גמרא אין תענית (כ״ה ע״א) דערצעהלט, אַז רבי חנינא בן דוסא האָט געזאָגט צו זיין טאָכטער: מי שאמר לשמן וידליק, יאמר לחומץ וידליק, און דער חומץ האָט טאַקי געברענט; און ווען ס׳איז אָנגעקומען א פקודה פון ליובאַוויטש צו די חסידים אין מיין געבורט־שטעדטעל, האָט אפי׳ דער חומץ געברענט... ליובאַוויטש האָט געטראָטען אויף די נאַטור־געזעצן...

די גמרא דערצעהלט דאָרט ווייטער אין תענית, אז ההיא שבבותי׳ דקא בני ביתא ולא מטו כשורי וכו׳ אמר איכו נמטי כשוריך. א פרוי האָט געבויט א הויז און די בעלקעס זיינען ניט צוגעגאנגען, האָט רבי חנינא בן דוסא א זאָג געטאָן: איכו נימטי כשוריך, און די בעלקעס האָבען זיך אויסגעצויגען און דער־

מ״ה — 45

מ״ה טובו אהליך יעקב משכנותיך ישראל

צום פינף און פערציג יעהריגען יובילעאום

— פון —

ישיבות „תומכי תמימים״ ליובאוויטש

ח״י אלול, תרנ״ז — ח״י אלול, תש״ב

1897—1942

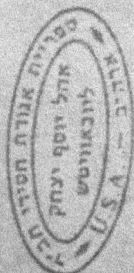

•

מאמרי קודש פון כ״ק ארמו״ר שליט״א
(אין א באזונדערער ביילאגע)
אויסצוגען פון ח ג י ג ה רעדעס
באריכט פון טעטיגקייטען
ב י ל ד ע ר

ח״י אלול, תש״ב

ארויסגעגעבען פון
מרכז הישיבות תומכי תמימים ליובאוויטש

770 איסטערן פארקוויי ברוקלין, נ. י.